LES MOBILES DE RENNES

AU SIÉGE DE PARIS

LES
MOBILES DE RENNES

AU SIÉGE DE PARIS

(Du 7 Septembre 1870 au 13 Mars 1871)

PAR

J.-B. MAZÈRES

RENNES

IMPRIMERIE ALPHONSE LEROY FILS.

1871

Tous droits réservés.

A MA MÈRE

PRÉFACE

Tous les mobiles et mobilisés de France ont consigné leurs hauts faits dans des brochures plus ou moins importantes ; les zouaves de Charette ont eu à eux seuls une vingtaine d'historiographes, et la photographie nous les a montrés sur le champ de bataille de Patay.

Les mobiles de Rennes avaient droit, comme les autres, à leur petite histoire; personne ne l'ayant encore faite, et profitant des loisirs que me donnait une longue et cruelle maladie (doux souvenir de la guerre), je résolus de combler cette lacune, tout en

PRÉFACE.

regrettant qu'une plume plus autorisée que la mienne ne voulût point s'en charger.

Notre mission pendant la campagne se résume en deux noms : Châtillon, Champigny. — Le premier est célèbre par le rôle de héros qu'on nous y a attribué, le second par de trop nombreux deuils.

Le reste du temps fut employé à nous ennuyer, à geler et à mourir de faim : trois choses assez peu récréatives.

Puisse le souvenir de cette triste époque maintenir vivace notre haine contre l'envahisseur, et qu'un jour prochain nous retrouve tous, marchant cette fois sur le chemin de la victoire !

Rennes, le 12 septembre 1871.

J.-B. MAZÈRES,
Sergent au 4ᵉ bataillon d'Ille-et-Vilaine.

LES MOBILES DE RENNES

AU SIÉGE DE PARIS

I

DE LA COUPE AUX LÈVRES.

Les voyageurs pour Berlin en voiture ! criait, le 7 septembre 1870, un employé du chemin de fer, au moment où le 4ᵉ bataillon des mobiles d'Ille-et-Vilaine montait dans le train qui devait le conduire à Paris.

Ce cri, qui semble maintenant une ridicule fanfaronnade, paraissait tout naturel alors. Je me voyais déjà dans cette vieille Allemagne, au milieu d'une ville gothique, assis sous un porche sombre, mangeant la traditionnelle choucroute arrosée de bière mousseuse, et fumant dans de grandes pipes en regardant les bizarres sculptures d'une antique cathédrale.

De blondes filles, vêtues de deuil, se rendaient à l'église prier pour leurs amants tombés sous nos coups, et jetaient en passant un regard craintif sur le vainqueur... qui ne demandait qu'à s'humaniser.

Mais pour arriver là, par quelles épreuves me faudrait-il passer ! Que d'émotions éprouverais-je, qui laisseraient dans ma vie d'ineffaçables souvenirs !

Mes beaux rêves, qu'êtes-vous devenus ?

Il y a loin, a dit le poète, de la coupe aux lèvres.

II

COMMENT PARIS, N'AYANT PLUS DE PÉKINS,
AVAIT L'AIR TOUT A FAIT CHINOIS.

Le lendemain, après seize heures de voyage, nous arrivâmes à la gare Montparnasse, et les hommes, munis de leurs billets de logement, allèrent chez les habitants du quartier d'Antin, qui les reçurent à bras ouverts.

Moi qui, en ma qualité d'électeur parisien, possédais une chambre au quartier des écoles, je me dirigeai vers mon domicile, où j'étais d'ailleurs attendu.

Quand j'eus déjeuné, je posai mon képi sur l'oreille, de manière à me donner un petit air de crânerie, et je descendis le boulevard Saint-Michel, afin d'étudier la physionomie de la ville qui était bien changée, comme vous allez le voir.

Au Pont-au-Change, je me croisai avec un bataillon de gardes nationaux : les tambours ne battaient pas en mesure, les clairons sonnaient faux, mais avec patriotisme, le drapeau déployait au soleil ses plis aux trois couleurs, et ses lettres d'or faisaient resplendir le mot : *République*. Des rangs s'élevaient : la *Marseillaise,* le *Chant du Départ,* et, d'un groupe de jeunes, un air folichon d'Offenbach.

Sur la place du Châtelet, des gamins glapissaient : « Badinguet ! La tête de cochon ! Dix centimes ! »

Au boulevard Sébastopol, des marchands avaient installé leurs étalages sur les trottoirs, des cordes, tendues d'arbre en arbre, soutenaient des pantalons hors d'usage, des souliers éculés, tout ce que vend et accroche où il peut le marchand de bric-à-brac, quand il n'y a plus de police.

Des petites filles offraient des médailles de la République, avec un ruban rouge, le tout pour deux sous. On se passait le ruban à la boutonnière et l'on avait ainsi une décoration, en attendant celle qu'on ne manquerait pas de gagner sur le champ de bataille.

Chacun criait en vantant sa marchandise, et embarrassait librement le passage.

Le sergent de ville avait disparu, et c'était une chose assez curieuse, que l'absence de ce soutien des Bonaparte. Ces messieurs s'étant rappelé la juste popularité que leur avait donné l'usage immodéré du casse-tête, avaient cru prudent de se cacher.

Tous les omnibus des gares, tous les fiacres étaient chargés de gens et de bagages. C'était un effroyable déménagement de femmes, d'enfants et de poltrons, que souvent un : « A bas les fuyards ! » accueillait au coin d'une rue.

Autour des colonnes d'affichage, une foule nombreuse lisait et commentait les proclamations.

Sur les grands boulevards, c'était bien une autre cohue : le pékin était presque aussi rare que le sergent de ville. On ne voyait pas un seul chapeau : le képi et toujours le képi.

Les cafés regorgeaient d'officiers de la mobile que les cocottes courtisaient : beaucoup, petits crevés de la veille, laissaient voir leur joie d'avoir changé le col cassé, le stick et le pet-en-l'air pour le col droit, le grand sabre traînant, le sabre de leur père, dérouillé pour la circonstance, et la tunique galonnée.

Le mobile était très-couru : il venait de quitter sa famille, sa bourse était garnie et il avait généralement l'air naïf. Telle femme qui le mois précédent aurait cru déroger en écoutant les galanteries d'un chef de rayon, s'appuyait amoureusement au bras d'un gros paysan, fort gêné dans sa vareuse trop étroite. Le pauvre garçon prenait les protestations d'amour pour parole d'Evangile, et flatté d'avoir été distingué par une si jolie personne, laissait faire à son gousset de nombreuses saignées.

Le siége de Paris, il faut l'avouer, n'a pas été une école de mœurs pour la jeunesse de nos campagnes ; et plus d'une fiancée de village qui gémissait en secret de voir son amant si niais, aura dû le trouver, au retour, un peu trop dégourdi.

Ce spectacle, peut-être très-affligeant pour le philosophe, m'égayait fort, pendant que je prenais mon bock à la porte du Café de Suède avant que la bière allemande manquât, ce qui n'allait pas tarder.

A chaque instant, la foule était coupée par des compagnies se rendant à l'exercice avec leurs cantinières.

Dans la garde nationale, il y avait bien une douzaine de vivandières par bataillon..... Il faisait si chaud !

La ville était devenue une vaste caserne, remplie de bien drôles soldats : bonnetiers inoffensifs, le flingot sur l'épaule, et s'efforçant de marcher au pas quand ils étaient deux; gandins qui n'ayant pu avoir un grade s'en consolaient en portant un lorgnon, des gants, des manchettes, des chaînes garnies de breloques par-dessus leur tunique de drap fin, et qui essuyaient leur fusil avec un mouchoir de peur de se graisser. Ces jolis militaires avaient

des cartouchières en cuir verni remplies de....
londrès ; quand ils trouvaient un ami, ils lui
présentaient ce nouveau porte-cigares en disant : « Comment trouves-tu ces farceurs qui
ont voulu me nommer lieutenant? Je me fiche
un peu des galons, moi ! et j'ai joliment refusé. »

— C'est tout comme moi, répondait l'ami.
Je n'osais pas refuser... je ne voulais pas accepter... j'ai pris un parti violent.

— Quoi donc ?

— Ma foi ! je me suis rappelé que dans
le temps j'avais fait un peu de médecine... j'ai
cru rendre plus de services en entrant dans
une ambulance.

— Blagueur ! murmurait l'infirmier quand
ils s'étaient quittés.

— Poltron ! disait l'autre, en se regardant
dans une glace à la porte d'un parfumeur et
admirant son air martial.

Il y avait dix mille types différents, tous
plus drôlatiques les uns que les autres.

Les journaux s'arrachaient, chacun voulant

savoir les nouvelles, qui étaient absolument nulles.

Quant aux articles de fond, vous allez en voir un spécimen :

« La trahison, la lâcheté du bandit de Sedan et de ses vils courtisans ont donné aux Allemands de faciles victoires.

» Ces barbares, dans leur orgueil insensé, osent venir jusque sous les murs de la capitale, dont ils rêvent la conquête. Tant mieux ! qu'ils approchent, et pas un d'eux ne reverra la terre natale !

» Prendre Paris ! le cœur et la tête de la France ; Paris défendu par l'élite de la nation, par la garde nationale !! Qu'ils essaient !

» Mais si (chose impossible) Paris venait à succomber, c'est qu'alors plus un cœur ne battrait dans son enceinte.

» Que les Prussiens prennent les forts, ils trouveront les remparts ! après les remparts, les barricades ! les égouts seront minés et Paris sautera, s'il le faut, mais ne se rendra jamais !! »

Le peuple se grisait de ces fanfaronnades et de petit bleu, et sur les tables des marchands de vin, on faisait le serment de mourir plutôt que de céder.

Positivement c'était touchant, mais pourquoi diable ces gens qui tenaient absolument à s'ensevelir sous des ruines avaient-ils de si drôles de binettes !

III

LES BRETONS S'EN VONT EN GUERRE.....
(Air connu.)

Pendant les dix jours qui suivirent, il n'y eut pour nous que trois faits importants : la distribution des chassepots, la grande revue de 160,000 hommes, et une nuit que nous passâmes autour de l'Arc-de-Triomphe de l'Etoile, sans doute pour empêcher l'ennemi de le prendre par surprise. Comme le danger ne paraissait pas imminent, je m'allongeai proprement sur le gravier, la tête appuyée contre un bec de gaz, et je ne fis qu'un somme jusqu'au matin. A mon réveil, je vis avec joie que le monument n'avait pas bougé.

Les Bretons avaient fait bonne garde.

Enfin, le 18 septembre, nous partîmes pour aller, nous dit-on, camper au Bas-Meudon.

Vers deux heures, nous quittons la cité d'Antin, mal équipés, sans sacs, avec une tente et une musette en bandoulière qui nous étouffent. Le temps est chaud, lourd, tout le monde a bien déjeuné, nous fatiguons.

Tout le long des Champs-Elysées, nous sommes accompagnés par une foule nombreuse; gamins hurlant : *A bas la Prusse!* bourgeoises agitant leurs mouchoirs, petites dames nous envoyant des baisers du bout des doigts, et gardes nationaux entre deux vins nous disant : *Courage! vieux frères... d'ailleurs, nous sommes là!*

Au Rond-Point, nous faisons halte, en attendant un bataillon qui est en retard. On nous offre de la bière, des cigares, et en se quittant on se donne des rendez-vous à Berlin, à bref délai, en jurant d'exterminer Guillaume et Bismark.

La marche sonne, Parisiens et Parisiennes retournent vers la place de la Concorde ; quelques prussophobes enragés veulent absolument nous suivre, mais à chaque coin de rue leur nombre diminue, et quand nous sortons des fortifications, il ne nous reste plus pour tout cortége que deux gamins qui veulent « *ramasser des boulets pour les vendre.* »

Nous suivons le bord de la Seine. Passé Auteuil, trois coups de feu partent de la rive opposée. Quelques hommes *prennent le trac* et se cachent dans les fossés. On fait charger les armes.

Cinq minutes se passent. — Rien.

Les peureux lèvent la tête : c'était des troupiers campés dans une île et qui chassaient.

Nous repartons ; naturellement personne n'avoue avoir eu peur.

Nous passons le Bas-Meudon sans nous y arrêter. Après avoir gravi une côte à pic, nous nous engageons dans un petit chemin obstrué par des arbres abattus; à droite et à gauche s'étendent des vignes dévastées; au bas du coteau, dans la plaine, la nuit brouille déjà les perspectives; au dernier plan s'étend Paris, avec son chaos de maisons : on dirait une grande carrière ou une vaste ruine. Le soleil s'est abaissé sous l'horizon, le dôme d'or des Invalides arrête seul la dernière lueur du jour, et longtemps après que tout a disparu dans l'ombre on l'aperçoit encore comme un fanal.

Nous traversons des villages abandonnés; les murs sont noircis à l'extérieur, des troupes ont campé là qui sont parties.

Je me rappelle avoir vu ce pays quelques mois auparavant, gai, animé, plein d'une foule turbulente et joyeuse. Il me semble encore entendre la chanson un peu leste d'une *Latine,* s'échappant d'un premier étage de traiteur.

Maintenant pas une âme, les maisons sont désertes, les meubles ont été enlevés en toute hâte, les familles se sont réfugiées dans la ville, laissant leurs habitations avec ce qu'elles n'ont pu emporter au pillage des soldats français, prussiens et des maraudeurs de barrières, qui s'uniront pour qu'il ne reste que les quatre murs et encore souvent moins.

Enfin le bataillon s'arrête sur le plateau de Châtillon, près d'une redoute que le Génie élève.

Après avoir fait honneur aux provisions qu'une main toute maternelle avait mises dans ma musette et donné à mon bidon une bonne accolade, je m'endormis sans plus de façon qu'à l'Arc-de-Triomphe; mais j'avais compté sans mon service de fourrier : il me fallut bientôt courir dans les ténèbres à la recherche de fourgons qui s'étaient embourbés au diable et revenir faire la distribution.

Je pris le parti de ne pas me recoucher et je passai le reste de la nuit auprès d'un feu.

Le vent était frais, les tentes n'avaient pas été montées, tout le monde se promenait en grelottant et le plateau était sillonné de silhouettes bizarrement éclairées.

IV

COMBAT DE CHATILLON.

(19 septembre 1870.)

Le jour paraît, au loin le canon tonne; autour de nous il se fait un grand mouvement de troupes.

Il y a des personnes qui se figurent que, le jour d'une bataille, on donne à nos soldats double ration afin qu'ils supportent mieux la fatigue. C'est une erreur profonde.

Pendant la campagne 70-71, les Français se battaient à jeun, mais ils portaient leurs vivres sur le dos. Comme ils étaient toujours les moins forts, en se sauvant ils jetaient leurs sacs, pour mieux courir; les Prussiens, qui avaient touché leur ration le matin, prenaient le soir celle abandonnée par les Français et mangeaient pour eux, ce qui revenait au même.

Le matin du 19, en voyant l'eau qui se mettait en ébullition, je me dis : De deux choses l'une, ou les généraux ont changé de tactique, ou nous ne mangerons pas la soupe qui se prépare.

Les généraux n'avaient rien changé.

Nous ne mangeâmes pas ce matin-là.

Le bouillon commençait à écumer, quand on donna l'ordre de partir.

Dix minutes après nous entrions dans une redoute.

La redoute est petite, nous pouvons à peine nous mouvoir. Plus question de soupe.

Les faisceaux formés, les hommes vont sur les talus faire des créneaux avec des sacs de terre. Au loin une canonnade terrible est engagée; des caissons de munitions passent au galop de leurs quatre chevaux.

Le soleil se lève radieux, le paysage est magnifique. Derrière nous Paris, encore enveloppé d'un voile de brume, ne laisse voir que ses clochers; à droite, les bois de Clamart et de Meudon forment un fond sombre et tout le long des pentes, des maisons blanches aux toits rouges, s'étagent encadrées dans la verdure; à gauche, un moulin à vent domine Bagneux et Fontenay-aux-Roses, il a l'air de s'ennuyer avec ses grands bras immobiles. Devant nous s'étend le plateau assez nu, mais à l'horizon un petit coin délicieux me fait penser aux plus jolis tableaux de Corot : c'est une maison blanche, toute basse; autour s'élèvent des arbres minces, élancés, si traversés de lumière qu'ils ne semblent qu'estompés; au-dessus, des petits nuages se forment et disparaissent vivement; ils sont brillants, charmants de formes et de couleurs et font paraître le ciel plus bleu.

Un moblot qui comme moi remarque ces nuages, mais qui éprouve une impression différente, s'écrie : — Mon Dieu! voyez donc la fumée des canons; il y a déjà bien des morts!

Je lui réponds : — Qu'importe, si ça fait bien dans le paysage? Il reste ahuri.

Au centre du panorama est la redoute, l'entrée regarde Paris; en face sont les pièces, des autres côtés cinq cents créneaux, contenant autant de fusils avec un moblot ou un lignard au bout. Au milieu, la poudrière inachevée et un hangar où se tient l'état-major. Les chevaux dressent les oreilles et hennissent bruyamment.

Neuf heures.

Un sifflement aigu déchire l'air; un obus tombe et éclate dans la redoute.

Quel effet! Les cœurs battent fort, chacun se courbe et se fait petit pour donner moins de prise. Personne n'est atteint.

L'aumônier confesse quelques officiers, puis donne aux soldats l'absolution en bloc.

Beaucoup, en se signant, croient leur dernière heure arrivée et conservent une attitude recueillie.

Un d'entre eux me jette des regards farouches en m'entendant fredonner un air de la *Grande-Duchesse;* il a tort, car voici à côté de lui des gars d'Amanlis qui entonnent la *Marseillaise*. C'est, il est vrai, une *Marseillaise* à l'eau de rose, arrangée par un ecclésiastique; on n'y parle pas de sang impur, et, plus loin, il peut entendre de ses camarades qui, pour ne pas rester en arrière des bravades parisiennes, chantent une ineptie ayant pour refrain :

> Nous sommes des p'tits Bretons
> Qui n' reculerons jamais.

Quelques obus suivent le premier; l'émotion est très-grande parmi les deux mille hommes enfermés dans la redoute et qui voient le feu pour la première fois.

Tout à coup un officier fait charger les pièces qui font toutes feu ensemble. Ce bruit ranime quelques courages ébranlés, les moblots savent qu'ils vont être le point de mire de l'ennemi, mais qu'importe! Ils ont senti la poudre, ce sont maintenant des soldats.

Les coups se précipitent et sont plus rapprochés; les Prussiens sortent des bois où ils se tenaient cachés, et nos troupes battent en retraite. Le crépitement de la fusillade se mêle au bruit du canon, et bientôt vient s'y joindre le sinistre craquement des mitrailleuses.

C'est un concert épouvantable. Il est impossible de s'entendre, même en criant.

Autour de nous les hommes et les chevaux tombent, le plateau est labouré par les obus.

Toutes les forces se replient vers la redoute qui subit alors un vrai bombardement. Les remparts de terre qui nous protégent sont ébranlés, les sacs formant les créneaux enlevés comme des plumes par le vent, et nos artilleurs calmes, pleins de sang-froid, visent tranquillement, remettent des gabions dans les brèches, et au bout d'une heure forcent plusieurs batteries prussiennes à se taire.

Puis, brusquement, sans transition, le feu cesse, la fumée se dissipe. Je cherche des yeux mon petit paysage du matin. Le soleil l'éclaire toujours, mais la maison brûle, et les jolis arbres si frêles qu'un souffle d'air courbait, sont renversés comme si un violent orage avait passé sur eux.

De tous côtés ce ne sont que bataillons qui se reforment, blessés qu'on emporte et chevaux sans maîtres qui courent éperdus en laissant de grandes traces de sang.

Pendant ce temps des régiments, pris de panique, rentraient dans Paris et y répandaient la consternation en disant que les Prussiens allaient donner l'assaut.

Les misérables qui faisaient circuler ces bruits alarmants avaient fui sans brûler une cartouche.

Ils ont été flétris comme ils le méritaient.

Midi.

La première phase de la bataille était terminée. Dans toute cette journée, le 4e bataillon eut un rôle passif qui exigeait néanmoins une certaine dose de courage.

Quand on se bat, le bruit, le mouvement et la chasse à l'homme qui passionne plus que toute autre chasse, donnent souvent de l'énergie au plus couard; mais rester quatre heures sous une pluie de fer, les mains dans ses poches à regarder de quel côté va venir l'obus ou la balle qui vous tuera peut-être :

<small>Ah ! que c'est un sort embêtant !</small>

diraient les gendarmes de *Genivièvre*.

Voilà pourtant ce que nous fîmes à Châtillon; nous eussions certes préféré être en bataille rangée (mais j'ai remarqué que les généraux ne consultent jamais les soldats). A peine deux cents hommes purent-ils tirer quelques coups de fusil.

Bien qu'un journal illustré nous ait représentés entourés de cadavres et enlevant des canons à la baïonnette, je ne puis pas travestir à ce point la vérité pour le plaisir de faire un livre émouvant. Tout ce que j'ai vu jusqu'à présent, tant dans les journaux que dans les ouvrages publiés sur le siége de Paris, est de la haute fantaisie en ce qui concerne les Bretons. Les gens qui ont écrit cela étaient tranquillement chez eux pendant que nous nous battions.

Moi je puis dire : j'y étais et j'ai vu.

Sous une forme légère, je raconte sérieusement, et quand le bataillon est devant l'ennemi, c'est-à-dire quand son honneur est en jeu, je ne fais pas du roman.

Pendant le répit que nous accordèrent les Prussiens, nous eûmes l'incroyable prétention d'achever la fameuse soupe du matin qui avait continué de cuire au soleil, mais pas assez pour être mangeable. J'avais toujours dans la tête l'idée que les Français jeûnaient les jours de bataille, et je regardais d'un œil sceptique de belles tranches de lard et des barriques de vin à nous destinées. Nous avions grand soif, il faisait peut-être 30 degrés de chaleur, et le peu d'eau que nous avions trouvée avait un goût de soufre qui soulevait le cœur.

La distribution commença, mais elle n'était pas achevée que l'ennemi, qui avait reçu du renfort, nous attaqua avec la plus grande vigueur.

La soupe fuyait comme un mirage.

Nous courûmes à nos places.

La dernière phase de la bataille fut courte, mais terrible.

Des mitrailleuses prenaient la redoute en écharpe, et frappaient dans le dos ceux qui occupaient le côté gauche ; une balle traversa la crosse de mon fusil et en enleva la moitié ; j'en fus quitte pour un saisissement.

Notre position était la plus ridicule du monde : impossible de faire usage de nos armes, ayant des Français devant nous, et rester debout était s'exposer inutilement à une mort certaine. Quelques-uns des nôtres tombèrent, ils n'avaient pas de blessures mortelles.

Enfin, notre rôle allait commencer. L'armée se débandant, fuyait vers Paris, les Prussiens arrivaient à l'assaut de la redoute qu'il s'agissait de défendre ; déjà deux compagnies avaient commencé le feu quand nos canons se turent : les munitions n'arrivant plus, les mitrailleuses seules crachaient toujours et fauchaient des régiments entiers, mais les Prussiens semblaient sortir de terre, plus nombreux que jamais.

Le général Ducrot entra et voyant artillerie, ligne, mobiles et francs-tireurs qui fuyaient, il dit, je crois : Messieurs, la défense est impossible, ne vous sacrifiez pas inutilement. Les artilleurs partirent, emmenant les mitrailleuses, et nous restâmes seuls dans la redoute. Le cri de *Sauve qui peut !* se fit entendre. Alors, il faut l'avouer, ce fut une débandade sans nom : les bagages sont culbutés, les hommes tombent en se poussant vers l'étroite sortie où les chevaux détachés ruent pour se frayer un passage, et les balles qui nous sifflent aux oreilles font de nouvelles victimes.

Enfin nous sommes sur la route : une petite route en pente, encombrée d'attelages, d'hommes et de chevaux morts; nous croyons à chaque instant entendre une charge de cavalerie venant pour achever la déroute, et nous nous retournons pour ne pas nous laisser tuer sans combattre, mais on ne songe pas à nous poursuivre. Un grand gaillard fort terrible... en paroles, descendait la côte avec une rapidité vertigineuse, un vieux sergent le saisit au collet et lui chanta tranquillement :

>Nous sommes des p'tits Bretons
>Qui n'reculerons jamais.

C'était le refrain que le pourfendeur répétait depuis notre départ de Rennes.

En apercevant la masse rassurante du fort de Vanves, j'allumai ma pipe et continuai ma route sans me presser.

Le bataillon n'ayant pas réussi à se rallier, je me dirigeai tout seul vers la Sorbonne pour rassurer mes amis qui devaient être inquiets.

Tout le long du chemin, des gens m'arrêtaient pour me demander des détails, d'autres me faisaient entrer chez eux pour me rafraîchir.

J'arrivai pourtant, non sans peine, à la place Gerson où je demeurais, et je pus manger ; il n'était pas trop tôt. Tout le monde a bien compris que nos vivres avec nos bagages étaient restés aux mains des Prussiens. Je me mettais à table quand une voiture d'ambulance vint pour me chercher; je ne sais quelle portière trop zélée avait été prévenir que j'étais blessé. J'eus peine à faire comprendre aux infirmiers que je me portais parfaitement; ils ne voulaient pas s'être inutilement dérangés; je finis pourtant par les mettre à la porte. Heureux qu'ils ne m'aient point amputé la tête pour une blessure imaginaire!

V

LE 4ᵉ BATAILLON A BIEN MÉRITÉ DE LA COMMUNE.

Quand, après le 18 mars, l'armée eut quitté Paris, Lullier voulant mettre Neuilly en état de défense, fut fort surpris de trouver la besogne faite. Ayant appris que c'étaient les mobiles de Rennes qui avaient fortifié toute la partie gauche longeant la Seine, il signala le fait dans son rapport.

Le lendemain, un journal fit la proposition suivante :

« Considérant les services rendus à la grande cause de la Liberté par les gardes mobiles de Rennes, nous proposons de supprimer le titre *d'infâmes* donné aux Bretons depuis leur ignoble attentat contre la garde nationale le 22 janvier (1). »

Ainsi nous avons été les complices de l'insurrection, et nous avons manqué d'être mis à l'ordre du jour de la Commune.

Pour ne pas tous nous déporter dans une enceinte fortifiée, il faut tout de même que M. Thiers soit bien bon enfant.

Mais n'anticipons pas sur les événements, et reprenons notre récit en procédant par ordre.

---

(1) Un bataillon du Finistère, de garde à l'Hôtel-de-Ville, ayant été provoqué, fit feu sur des gardes nationaux ; d'où la haine contre tous les Bretons.

VI

TOUCHANTES AMOURS D'UN FOURRIER ET D'UN MOUCHOIR DE POCHE.

Ayant quitté de nouveau Paris le 22 septembre pour n'y rentrer qu'après l'armistice, nous allâmes coucher une nuit sur l'avenue de Neuilly, non loin de la porte Maillot, dans des maisons qui n'étaient pas complétement abandonnées.

Un fourrier n'ayant à sa disposition qu'une chambre, meublée des quatre murs et d'un portrait en pied de Louis-Philippe, fit sauter d'un coup de crosse de fusil la serrure d'une porte qui donnait accès dans une petite pièce servant de salle de bain et de cabinet de toilette. Un placard renfermait un tapis roulé et quantité de robes. C'était de quoi passer une bonne nuit. Mon gaillard ayant ouvert les robinets et débouché deux flacons de vinaigre de Bully qui flânaient dans un coin, s'offrit d'abord un bain froid, puis porta dans la chambre le tapis, et, comme la nuit était fraîche, il se passa deux ou trois jupons autour du corps, s'enveloppa dans un tartan, et ainsi affublé allait se coucher, quand il lui vint à l'idée que les punaises pourraient bien quitter les fentes du parquet pour venir rôder sur son visage.

Avisant sur une toilette un mouchoir de fine batiste encore tout parfumé, il s'en couvrit la figure.

Le bain l'avait affaibli. Il comptait bien dormir, mais ces jupons qui avaient serré la taille d'une femme sans doute jeune et belle, ce châle qu'elle avait croisé sur sa poitrine et ce mouchoir tout imprégné du parfum qu'elle affectionnait, lui mettait la cervelle à l'envers; et devant lui se dressait une gracieuse image. Ne pouvant la presser sur son cœur, il couvrait de baisers le mouchoir qu'elle avait touché;

enfin, le matin, la fatigue l'emportant, il s'endormit, et, dans son sommeil, il sentait comme un baiser qui lui effleurait la joue (c'était une punaise qui avait trouvé un joint et le piquait. Ce que c'est que l'imagination!) Il était si heureux ainsi, qu'il traita d'animal le premier qui l'éveilla en poussant la porte.

En ouvrant les yeux il vit un homme de cinquante ans environ.

Le père! pensa-t-il.

Une femme de chambre qui éclata de rire en entrant lui fit supposer qu'il avait l'air tout à fait ridicule.

Le monsieur souriait. Je suis le locataire de l'appartement, dit-il, et je viens avec une voiture achever le déménagement, et, en s'efforçant de garder son sérieux, il ajouta : Ma femme...

— C'est son mari! murmura l'amoureux en lançant à l'époux un regard jaloux. Celui-ci continua : Ma femme sera enchantée en apprenant que ses chiffons ont empêché un de nos braves défenseurs de coucher par terre.

Le fait est que j'ai passé une nuit.....

Il s'arrêta, craignant de dire une bêtise.

Le pauvre fourrier était très-embêté dans ses jupes, il eût voulu le mari à tous les diables.

Comme si ce dernier eût compris le souhait, il passa dans une autre chambre.

La soubrette se tenait les côtes à force de rire, lui se déshabilla promptement et mit le mouchoir dans sa poche comme souvenir.

Quand il fut redevenu homme : — Est-elle jeune ? demanda-t-il.

— Qui ?

— Votre maîtresse, parbleu ?

— Pas trop, quarante ans.

— Quarante ans ! sapristi, je n'en avais compté que vingt.

— Est-elle belle au moins ?

— Ah ça ! vous m'avez l'air d'un drôle de militaire avec vos questions.

— Mettons que je sois drôle et répondez-moi.

— Si vous y tenez, je veux bien : ma maîtresse est grande, maigre, elle a eu la petite vérole, elle est jaune comme un coing, et tant qu'à son nez... je ne vous dis que ça ! on pourrait en faire deux comme le vôtre avec, et je crois qu'il en resterait encore.

Notre amoureux pensa se trouver mal, il déchira le mouchoir avec rage et s'élança hors de la chambre.

Pour le coup, la soubrette fut obligée de relâcher son corset, elle étouffait.

Nous étions sept fourriers dans le bataillon.

Lequel fut le héros de l'aventure ?

VII

NOUS ORGANISONS LA DÉFENSE.

Le lendemain, le bataillon reçut ordre de mettre toute la partie comprise entre l'avenue de Neuilly, la Seine, le bois de Boulogne et le boulevard du Château en état de soutenir une attaque.

Nous nous mîmes à l'œuvre immédiatement.

Toutes les rues furent barricadées, les maisons crénelées, les clôtures trouées pour ménager la retraite (c'est toujours prudent) ; pendant ce temps, le génie civil torpillait les voies principales et faisait sauter les ponts, à la grande joie des maçons qui voyaient de l'ouvrage sur la planche. Nous remplîmes consciencieusement la mission qu'on nous avait confiée, certains mêmes l'exagérèrent jusqu'à percer les portes des caves qui avaient été murées. Malheureusement ce beau travail fut employé contre des Français, comme je l'ai dit dans un chapitre précédent, les Prussiens ne s'étant jamais avancés à une lieue de Neuilly.

Nous étions logés dans de jolies villas dont les propriétaires avaient laissé les caves garnies de vins fins que nous nous empressâmes de boire de peur qu'ils ne tombassent aux mains des ennemis de la France.

Acte de patriotisme dont on ne nous a peut-être pas su gré, mais que nous avons accompli dans une louable intention. L'exemple, d'ailleurs, venait de haut.

Le service des soldats était assez pénible : en dehors des exercices et des travaux de terrassement, il leur fallait monter faction la nuit, dans des tranchées au bord de la Seine, et les brouillards du fleuve sont très-malsains.

N'importe, les vivres ne manquaient pas, la saison était belle, le mois que nous passâmes à Neuilly fut le meilleur de toute la campagne.

VIII

DES ÉLECTIONS A LA MANIÈRE DES COMMISSAIRES-PRISEURS.

Je demande au lecteur la permission de détacher quelques pages du carnet sur lequel je notais mes impressions. Si, au lieu de faire une brochure, j'avais simplement donné ce carnet à l'imprimeur, comme quelques personnes me le conseillaient, j'étais certain du succès, car il contient de bien curieuses révélations. Mais je suis discret.

Porte-Maillot, 20 octobre 1870.

Enfin il nous est rendu ce droit d'élire nos officiers, justice tardive que nous devons à la République. Plus de ces hommes imposés par l'empire..., des élections ! et des élections libres ! Le grand jour est arrivé.

Ma compagnie, la troisième, est sous les armes rue Windsor, pour se rendre de piquet à la Porte-Maillot.

Le commandant arrive, fait former le cercle, et nous adresse une courte allocution à peu près en ces termes : « Soldats de mon bataillon, vous êtes réunis à l'effet d'élire séance tenante vos officiers. Je vous propose pour capitaine M. L..., pour lieutenant M. H..., et pour sous-lieutenant M. R...

» Personne n'a d'objection à faire ?... Adjugé ! »

Epatement sur toute la ligne !

Sous l'empire, on forçait les soldats à voter : Oui.

Sous la République, on ne les fait pas voter du tout.

Il y a progrès.

Les élections libres : encore une de mes illusions qui s'envole !

21 octobre.

Vers midi, on nous relève de piquet.

Le canon tonne de Courbevoie à Bougival ; il y a sur Rueil, la Malmaison, la Jonchère et Buzenval, une forte reconnaissance, les compagnies disponibles du bataillon en font partie. Nos troupes enlèvent avec succès toutes les positions qu'elles abandonnent ensuite, car elles ne pourraient s'y maintenir quand l'ennemi aurait reçu du renfort. Et à six heures elles rentrent dans leurs cantonnements.

Pourquoi, demandera-t-on, sacrifier des hommes pour prendre des villages qu'on ne compte pas garder ?

Il ne faut pas faire de ces questions-là. Un soldat doit toujours trouver bien ce qu'ordonne son supérieur, et je vous le dis entre nous : Trochu a un plan, et peut-être ce qui nous paraît étrange est-il la plus haute expression du génie militaire? En tout cas, la consigne est : *Brigadier, vous avez raison!* Et je suis à cheval sur le service, moi!

Le bataillon n'a pas donné.

Il y eut à une autre époque une nouvelle reconnaissance à laquelle le bataillon assista sans y jouer de rôle; je ne me rappelle plus la date.

IX

UNE NOUVELLE URNE ÉLECTORALE.

Neuilly, 22 octobre.

Les élections du 20 octobre ayant été considérées comme non avenues, nous avons recommencé ce matin l'opération au scrutin secret.

Le bureau électoral de ma compagnie constitué, l'émotion fut profonde en remarquant l'absence de l'urne sacramentelle. J'offris gracieusement mon képi, dans lequel, un à un, chaque moblot vint déposer son bulletin.

Tout se passa avec la plus grande régularité; j'inscrivais les résultats en lisant sur la figure des candidats les sentiments divers qui les agitaient tour à tour.

Mon képi n'a plus rien à envier maintenant à la soupière si célèbre il y a quelques années.

X

DE GRAND'GARDE DANS L'ILE DE PUTEAUX.

Octobre 1870.

Je m'éveille, il peut être minuit.

A la lueur d'une chandelle fumeuse, j'aperçois un mélange de temple, de tabagie, de boudoir et de corps-de-garde.

Sur une table improvisée des bouteilles vides, des restes de pain, des morceaux de cheval et de saucisson traînant dans des flaques de vin, des vases de toute nature accolés n'importe où pour servir de vaisselle ; tous les débris d'un repas de soudards qui n'ont pas précisément quitté la table à jeûn.

A terre, dans les coins, partout des masses informes qui sont peut-être des hommes et qui ronflent, des armes, des couvertures, des vivres pêle-mêle; au-dessus de ma tête, je ne sais quoi planant : Vénus ou Cupidon au haut d'une coupole.

Je suis dans un petit pavillon octogone d'un mauvais goût Pompadour. Sur les trumeaux des rinceaux se déroulent, enlaçant des attributs champêtres peints par un de ces méchants barbouilleurs qui déshonorent l'Art.

De froides rafales qui passent par une fenêtre défoncée viennent me glacer sur le carrelage qui me sert de lit.

Un ouragan violent est déchaîné sur l'île; les nuages courent follement sur un fond gris sinistre, éperdus, échevelés, se heurtant, se pénétrant comme les flots d'une mer en furie; les arbres craquent, les branches se tordent et se brisent, le vent gémit lugubrement.

La lune s'est voilée et toute cette scène n'est éclairée que par un reste de feu de bivouac; la flamme s'élève par instant, jette un éclair sur le fusil d'une sentinelle et montre le blanc des tentes dans le noir de la nuit . . . . . .
. . . .

Au milieu des hurlements de la tempête, un bruit sourd retentit à intervalles réguliers : c'est le canon du Mont-Valérien.

Guerre de la nature contre elle-même !

Guerre de l'homme contre son semblable !

XI

ASNIÈRES.

Vers la fin d'octobre nous quittâmes Neuilly pour aller à Asnières, où la vie était peu agréable. Nous montions des grand'gardes en avant de Colombes, dans la presqu'île de Gennevilliers et faisions quelques excursions au bord de la Seine vers Argenteuil.

Le 3 novembre on nous fit voter pour accorder le *oui* de confiance que Trochu demandait à l'armée et à la population et qui lui fut donné à une immense majorité, tant était grande la confiance dans la réussite du plan désormais légendaire.

Vers cette époque les commandants et les officiers des trois bataillons de Rennes, Fougères et Montfort se réunirent à propos de l'élection d'un lieutenant-colonel ; la séance fut orageuse, des mots très-durs furent échangés.

Quelques jours après, le lieutenant-colonel Duhil était remplacé par M. Caron, notre commandant, dont M. Le Mintier de Saint-André prenait la place.

XII

SECOND SÉJOUR A NEUILLY.

Nous restâmes peu de temps à Asnières et nous revînmes à Neuilly; notre séjour n'y eut rien de remarquable.

Nous étions une douzaine de joyeux drôles qui ne nous faisions pas facilement de bile. Ayant reçu du gouvernement des peaux de mouton et des bonnets de coton, nous nous offrîmes un bal. La tenue de rigueur était la peau, la laine en dessus et le casque à mèche; la lueur d'un énorme punch remplaçait les bougies; après chaque parole nous ajoutions bê..ê..ê. Une guitare dénichée dans un grenier et pincée par mon major faisait l'orchestre. Au cancan final, un farceur mit le feu à toutes les mèches et le bal s'acheva au milieu des flammes, comme dans une féerie.

Pendant ce temps, nos pauvres mères pleuraient en songeant à notre misère.

Et moi qui avais engraissé de deux livres !

XIII

MORT OU VICTORIEUX.

(Bataille de Villiers. 30 novembre.)

La fin de novembre nous trouva à Ivry où nous commencions à nous ennuyer fort, quand plusieurs circonstances nous apprirent que nous allions de nouveau entrer en campagne.

C'était des distributions de cartouches, de souliers, de biscuits, etc., toutes choses qui annoncent le combat.

Enfin, le 28 novembre, les ordres donnés au rapport ne laissèrent plus de doute à cet égard. Les malades et ceux qui ayant *le trac* se découvraient tout à coup des infirmités jusqu'alors inconnues, se firent désigner par le médecin pour rester au dépôt.

Sept jours de vivres prirent dans le sac la place du linge, et, pour alléger le fardeau, les couvertures furent supprimées.

A quatre heures du soir, le bataillon étant sous les armes, chaque compagnie forma le cercle et les sergents-majors lurent la proclamation que tout le monde connaît et qui se termine ainsi :

« ..... Pour moi, j'y suis bien résolu, j'en fais le
» serment devant vous, devant la nation tout entière : *Je*
» *ne rentrerai dans Paris que mort ou victorieux;*
» vous pourrez me voir tomber, mais vous ne me verrez
» pas reculer. Alors, ne vous arrêtez pas, mais vengez-
» moi.

» En avant donc ! en avant ! et que Dieu nous protége !

» Paris, le 28 novembre 1870.

» *Le général en chef de la 2ᵉ armée de Paris,*

» A. DUCROT. »

La proclamation ne souleva pas un seul cri d'enthousiasme. Depuis deux mois nous avions pu remarquer que les résultats ne ressemblaient nullement aux promesses. La seule chose qui ne laissait aucun doute dans nos esprits, c'est qu'il y aurait de nombreuses victimes.

Ce fut au milieu du plus profond silence que nous nous mîmes en marche. Notre brigade, sous les ordres du général Martenot, était composée de six bataillons de gardes mobiles, parmi lesquels étaient ceux de Rennes, de Fougères et de Montfort.

Après une marche lente, nous arrivâmes dans le bois de Vincennes où nous passâmes la nuit.

Le 29, au matin, au moment où la 2ᵉ armée allait traverser la Marne sur des ponts de bateaux, les Prussiens qui avaient sans doute, comme toujours, connaissance du mouvement, trouvèrent très-ingénieux d'ouvrir des écluses et de démolir les ponts en produisant une crue subite.

Trois partis restaient à prendre : tenter la sortie sur un autre point, la remettre à une époque plus éloignée ou attendre au lendemain et s'exposer à lutter contre des forces considérables. Les généraux firent la faute de s'arrêter au dernier.

Les opérations avaient commencé le 28 dans la presqu'île de Gennevilliers et au plateau d'Avron.

Le 29, le général Vinoy s'était avancé avec ses troupes en avant des redoutes du Moulin-Saquet et des Hautes-Bruyères. Il était facile aux ennemis de voir que toutes ces attaques n'avaient que le but de faire diversion et que l'effort principal, retardé par la rupture des ponts, aurait lieu sur la rive gauche de la Marne. Aussi envoyèrent-ils toutes leurs forces dans cette direction.

Le 30, au jour, la bataille commença.

Les forts de Charenton, de Nogent, les redoutes de la Faisanderie et de la Gravelle, aidés par les batteries établies au bord de la rivière, bombardèrent Champigny et les environs, puis la ligne attaqua le village à la baïonnette.

Les Prussiens ne pouvant tenir dans ces positions avancées, remontèrent le plateau et se massèrent à la hauteur de Villiers, à droite et à gauche de la ligne de Mulhouse. De son côté, le général d'Exéa, protégé par les batteries du plateau d'Avron, s'avançait vers Neuilly-sur-Marne et Ville-Evrard, pendant que la division Bellemare, passant sur des ponts aux environs du Petit-Bry, cherchait à gagner Villiers.

Notre brigade avait pour mission de protéger l'artillerie. Après avoir passé la Marne à Joinville-le-Pont, nous nous avançâmes rapidement à travers les terres labourées dans la direction de la bataille; rencontrant de temps en temps des blessés qu'on emportait et des prisonniers bavarois trouvés cachés dans les caves. Ces derniers avaient l'air enchantés de leur sort.

Il était neuf heures quand nous arrivâmes sur le lieu de l'action, les Prussiens avaient reculé d'une lieue. Le premier obus que nous entendîmes siffler coupa littéralement deux hommes de la 2ᵉ compagnie, peu après mon caporal-fourrier eut le haut du crâne enlevé. Nous étions arrivés à la hauteur des plâtrières qui occupent le centre du plateau et où était massée une partie de notre artillerie. La 1ʳᵉ compagnie et la mienne furent envoyées en observation dans un petit bois où nous eûmes une situation assez critique. Par une négligence incroyable que je ne sais à qui attribuer, l'officier qui commandait une batterie de mitrailleuses placée à mille pas de nous n'avait pas été averti que nous étions en avant d'elle; tous les quarts d'heure il disait à un pointeur : Fouillez le bois, et nous recevions dans le dos une volée de mitraille, tandis que par devant les Prussiens nous criblaient de balles et d'obus. Si les arbres ne nous avaient pas protégés et si nous ne nous étions pas pour ainsi dire enfoncés dans le sol, pas un de nous ne serait revenu. Un nommé Louvel ayant reçu une balle dans le derrière de la tête, par conséquent une balle française, mon major fut envoyé prévenir de notre situation. Il rapporta l'ordre de nous replier sur le bataillon. On nous avait simplement oubliés.

A onze heures, le mouvement en avant des troupes françaises fut arrêté. Les Prussiens ayant vu quel était l'objectif du corps d'armée principal avaient amené sur ce point un nombre considérable de bouches à feu ; notre artillerie avait beau se masquer derrière les plis de terrain, des obus pointés avec une précision mathématique brisaient les pièces en tuant ceux qui les servaient ; je vis en quelques instants éteindre trois fois le feu d'une batterie de mitrailleuses placée à notre gauche.

Nous étions sur une ligne de tir, dans la zone dangereuse, pour employer l'expression technique ; on nous mit à l'abri derrière des bâtiments que le Génie crénelait.

Le périmètre de la bataille ayant plusieurs lieues, il était très-difficile d'embrasser l'ensemble d'un coup d'œil. Néanmoins, après deux heures de lutte incertaine, je pus voir que nos troupes reprenaient définitivement l'offensive. Beaucoup de projectiles sifflant au-dessus de nos têtes allaient atteindre les réserves couchées dans les champs derrière nous ; il se passait des scènes horribles : un obus tombe et éclate dans une compagnie de ligne, coupe deux hommes, met le feu à leurs cartouches qui le communiquent à leurs vêtements, et ces malheureux ayant bras et jambes emportés agitent dans les suprêmes convulsions de l'agonie leurs tronçons de corps qui brûlent et poussent des cris déchirants.

De tous côtés se voyaient des drames semblables.

Au milieu de ce carnage, un homme venu là volontairement courait porter des secours à tous les blessés : les balles sifflaient à ses oreilles, trouaient ses vêtements, rien ne l'arrêtait. Ce brave était un prêtre : l'abbé Brassier, notre aumônier.

La nuit arrivait; déjà, sur les hauteurs, on distinguait le feu des canons ennemis et les étoiles des mitrailleuses ; dans un dernier effort, nos troupes qui avaient fléchi un instant, ramenées à la baïonnette, s'emparaient des crêtes et décidaient de la victoire en notre faveur. Dans cette dernière période de la lutte, un bataillon de mobiles vendéens s'avança jusqu'à une batterie de mitrailleuses prussiennes soigneusement masquées, et fut haché ; les cris de douleur et de rage de ces malheureux jeunes gens dominant les bruits de la bataille arrivaient jusqu'à nous. Ce fut le triste et dernier épisode de cette journée. Les Prussiens cessèrent le feu les premiers et se retranchèrent dans leur troisième ligne de défense. Les régiments qui avaient combattu se retirèrent aux environs de Champigny, les troupes de soutien dont nous faisions partie furent chargées de garder les positions conquises.

Le 4ᵉ bataillon n'a pas brûlé une cartouche dans cette journée ; ses pertes furent : trois morts et quelques blessés.

XIV

COUCHÉS SUR LE CHAMP DE BATAILLE.

Il y avait treize heures que nous étions sac au dos, nous n'avions ni bu ni mangé depuis quatre heures du matin. On donna l'ordre de dresser les tentes.

Pourquoi faire ? On nous avait ôté nos couvertures et la terre était glacée.

Il était défendu de faire du feu, et sauf quelques conserves, les hommes n'avaient que de la viande crue.

Un officier de ma compagnie s'était muni d'une petite terrine de foie gras, achetée à prix d'or ; un riz-pain-sel dont j'avais gagné les bonnes grâces en riant d'un calembour stupide qu'il avait fait et que je n'avais pas compris, m'avait donné quatre boîtes de sardines à l'huile et un demi-fromage. Nous pûmes souper d'une manière assez convenable ; tant qu'à la boisson, c'était de l'eau dans laquelle nous versâmes le fond de nos gourdes, ce qui produisit un mélange de rhum, de cognac et d'absinthe.

Quand je fus restauré, je songeai au logement ; j'avais à choisir entre la crête d'un talus et le fond d'un fossé : les deux n'avaient rien de très-confortable ; après mûres réflexions, j'optai pour le fossé, mais avant de me coucher, je résolus d'explorer les environs, afin de me mettre la topographie des lieux dans la tête en cas d'attaque de nuit.

Au bout de dix minutes de marche, j'aperçus une petite maison que les Prussiens avaient dû abandonner le matin, j'entrai et y trouvai un chevalet de peintre, deux romans français et un fauteuil tout défoncé.

Négligeant depuis la guerre l'étude du paysage, je laissai le chevalet, pris les volumes et sortis en emportant le voltaire dans lequel, une fois arrivé au camp, je m'assis pour y passer la nuit, fort content de ma trouvaille. Je fermais déjà les yeux, malgré la température qui descendait au-dessous du zéro, quand cinq ou six balles me sifflèrent désagréablement aux oreilles.

C'était les grand'gardes ennemies qui s'amusaient. Je trouvai l'amusement intempestif, et j'allais chercher un endroit moins dangereux quand un de mes lieutenants qui avait découvert, je ne sais où, trois grandes feuilles de zinc, me proposa de construire une maison à l'épreuve de la balle.

J'acceptai avec reconnaissance.

Un quart d'heure après, garantis par un blindage en forme de fer à cheval, la tête sur nos sacs et enveloppés de toiles de tente, nous dormions quatre comme des bienheureux. Quand je m'éveillai, j'étais à peu près gelé, mes compagnons avaient déguerpi et battaient la semelle aux environs. Je réussis, non sans peine, à me mettre sur pied ; la chaleur de mon corps avait d'abord fait fondre la glace, ce qui m'avait mouillé, et à mesure que je me refroidissais, l'eau redevenant glace, j'avais l'air d'un bâton de sucre d'orge. Tout autour de moi des moblots couraient, grelottant et se lamentant.

Le Génie retournait contre les Prussiens les travaux qu'ils avaient d'abord fait contre nous ; on entendait le bruit des pioches touchant les pierres en faisant jaillir des étincelles.

Tout était ténèbres, quatre points lumineux seuls brillaient au loin : la lumière électrique des forts, yeux vigilants, toujours ouverts.

Tout à coup, d'un de ces yeux partit un rayon gigantesque, un rayon de deux lieues, semblable à une queue de comète qui vient explorer les travaux de l'ennemi ; puis un coup sourd retentit et je crus entendre se dérouler un vaste ruban de soie. C'était un obus qui fendait l'air.

XV

LES FRANÇAIS CRAIGNANT DE VAINCRE TROP FACILEMENT, PERMETTENT AUX PRUSSIENS DE DOUBLER LEURS FORCES.

Quand le jour commença à paraître, nous étions perclus.

Quelques hommes oubliant toute prudence, et malgré la défense expresse, firent du feu et commencèrent la soupe. L'exemple suivant de proche en proche, le plateau fut bientôt brillamment éclairé, mais le châtiment suivît de près la désobéissance : un obus tomba au milieu du bataillon de Fougères qui était avec nous, et en éclatant tua et blessa plusieurs personnes. Trois autres suivirent et firent ailleurs de nouvelles victimes.

— Ces canailles de Prussiens, s'écria un

moblot, nous ne leur disons rien et ils ne peuvent pas nous laisser tranquilles !

Celui qui poussait cette exclamation burlesque venait de voir la marmite contenant le déjeuner de son escouade emportée à dix pas par un projectile.

Nos généraux firent une grande faute en ne continuant pas la bataille le 1er décembre : l'ennemi ayant à sa disposition des lignes de chemin de fer put appeler ses forces échelonnées dans les départements voisins et rendre impossible notre passage.

Nous passâmes cette journée à visiter Champigny, à construire quelques baraques en planches et à les garnir de paille.

Les Prussiens avaient bien employé le temps de leur long séjour dans le village. Tous les murs avaient été sondés, les planchers enlevés, les puits vidés, les cours et les jardins creusés à deux mètres de profondeur ; s'il existait des cachettes, elles avaient certainement été découvertes.

La nuit vint, et grâce à la paille trouvée

dans les granges, chacun put dormir malgré le froid.

XVI

COMBAT DE CHAMPIGNY.

(2 décembre 1870.)

Ce jour néfaste, à sept heures du matin, à quinze cents mètres des Prussiens, le camp n'était pas levé et l'artillerie se trouvait parquée au loin, comme s'il n'était pas à craindre que l'ennemi ne cherchât à reprendre les positions qu'il avait perdues le 3o novembre.

Les Allemands n'étaient pourtant pas restés inactifs. Ayant rassemblé des forces considérables pendant la nuit, ils étaient venus par petits groupes, sans bruit, se masser dans les bois, et, à l'aube, se glissant dans les fossés et les sillons, ils s'étaient approchés à une demi-portée de fusil de nos tranchées. Il gelait à pierre fendre. Un léger brouillard empêchait de distinguer au loin.

Tout à coup les mobiles de grand'garde apercevant des masses se mouvoir devant eux appelèrent leurs officiers qui dirent : Ce sont des Français.

Peut-on confier le commandement et la vie des hommes à de pareils ignorants? Comme si toute troupe en avant d'une grand'garde, eût-elle le costume des zouaves ou de la ligne, n'était pas une troupe ennemie?

Cinq minutes après, les tranchées étaient envahies, la moitié des soldats massacrés et le reste fuyait en criant : Les Prussiens! les Prussiens! En même temps le bruit de la fusillade vint éveiller nos hommes, et avant qu'ils fussent levés une pluie de balles trouait les tentes, des obus mettaient le feu à la paille et aux cartouches.

Ce fut une confusion inexprimable. Les uns prenaient la fuite, d'autres, perdant la tête, ne savaient plus où trouver leurs armes ; les officiers et les sous-officiers cherchaient à rassembler leurs compagnies et à empêcher la débandade. Les Prussiens, profitant de l'émotion causée par cette subite attaque, s'emparaient de nouvelles tranchées et nous fusillaient à courte distance. Les blessés gémissaient, les commandements se croisaient et différaient. Enfin une voix ferme cria : A la baïonnette ! en avant ! Un clairon sonna la charge et nous partîmes, tête baissée, perdant du monde à chaque pas. Ceux qui avaient fui au début revinrent, trouvèrent des armes et nous rejoignirent.

Nos adversaires se dérobaient dans les plis de terrain, derrière les talus, les murs de clôture, et, à l'abri, visaient tranquillement. Pour leur opposer la même tactique nous nous déployâmes en tirailleurs. Il faisait si froid que nous pouvions à peine charger nos fusils. Des régiments de ligne vinrent nous soutenir, mais de tous les bois, de tous les champs les Prussiens sortaient; ils étaient une armée et notre artillerie n'arrivait pas. La lutte fut longue, il nous fallut plusieurs fois reculer, nous revînmes à la charge; les compagnies étaient brouillées, certains hommes n'avaient personne pour les commander. Des groupes se trouvaient engagés corps à corps; d'autres, profitant des accidents du sol, tiraient sans danger. Le capitaine Leroy, qui avait enlevé ses soldats avec une rare énergie, recevait un éclat d'obus dans la poitrine, dont un sifflet d'argent amortissait heureusement le choc, et s'était précipité avec une centaine d'hommes au fond d'une carrière où il restait évanoui.

Nous étions un contre dix, les Prussiens allaient nous entourer. Il fallut battre en retraite, nous heurtant aux morts et aux blessés dont la terre était couverte.

Le colonel, M. de Ligneral, notre commandant, M. Le Mintier, et les commandants des bataillons de Fougères et de Montfort étaient tombés à la tête de leurs troupes.

Parmi nos officiers : **M.** de Gourdan, blessé, avait été tué au moment où on l'enlevait du champ de bataille; M. Macé et mon ami Auguste Brune tombaient mortellement frappés.

Parmi les sous-officiers et caporaux, les vides étaient nombreux. Dans ma compagnie, pour ne citer qu'un exemple, mon sergent-major avait un bras fracassé; un vieux sergent à trois chevrons, engagé volontaire, avait reçu une balle dans le front qui l'avait tué raide; un autre était blessé à l'épaule. Un caporal avait un œil qui lui pendait sur la joue. C'était partout la même proportion. En quelques instants le 4e bataillon d'Ille-et-Vilaine avait perdu 150 hommes.

C'était 150 camarades, 150 amis, ils sont tombés en braves.

Honneur à eux!

Le bataillon dispersé ne put se rallier, nous allâmes par groupes, les uns dans les maisons de Champigny, les autres dans le cimetière, et la lutte continua. Ayant réuni une vingtaine d'hommes, je trouvai les capitaines Schifmacher et Sétaire qui, tous deux, avaient une petite troupe, et le général Martenot nous envoya en tirailleurs devant des batteries arrivant de Vincennes.

Des renforts étant venus, l'effort de l'armée prussienne échoua, et dans l'après-midi nous étions de nouveau maîtres du terrain.

A la nuit, ce qui restait de notre brigade était réuni sur la lisière du bois du Plan. Le général ayant proposé de nous reconduire sur le fatal plateau, les cris : Non! non! s'élevèrent de toutes parts. Dans notre bataillon ils furent peu nombreux, mais nous n'en fûmes pas moins enchantés de rester où nous étions.

La nuit fut triste. Il pleuvait légèrement. Nous n'avions pour nous chauffer que du bois vert qui nous enfumait. Une partie de nos vivres avait été perdue, et chacun était sérieux en pensant aux amis qu'il ne verrait plus.

Sauf quelques rares défaillances, peut-être excusables à cause de la surprise, chacun dans cette journée avait fait son devoir.

XVII

TROISIÈME SÉJOUR A NEUILLY.

Le 3 décembre, la deuxième armée repassait la Marne et le général Ducrot, qui avait payé de sa personne dans la bataille, n'en rentrait pas moins à Paris : *bien portant et pas victorieux,* malgré son serment, puisqu'il n'avait pas réussi à franchir les lignes ennemies.

Nous retournâmes dans le bois de Vincennes où l'on nous distribua des couvertures. Il n'était pas trop tôt.

Le 5, nous allâmes coucher à Vincennes même. Une brave femme m'abandonna son lit, auquel je fis honneur.

Le 6, le chemin de fer de ceinture nous transporta à Neuilly. On nous cantonna dans l'avenue du Roule. Notre expédition avait duré huit jours.

A partir de cette époque, les rations furent encore diminuées, le pain commença à être moins bon. On nous donna les tripes des chevaux en pâté et leur sang en boudin. Tant que les hommes purent manger à peu près leur content, ils supportèrent assez bien les fatigues, mais du jour où ils eurent faim, ils commencèrent à murmurer. La reformation des cadres considérablement diminués à Champigny occasionna de grands mécontentements. Sans faire de réflexions, je puis bien raconter des faits connus de tout le monde.

Un sous-officier qui pour cause de maladie, je crois, n'avait pas assisté à la bataille, fut nommé sous-lieutenant (il n'y avait plus d'élections) ; un autre, qui au début de la campagne avait été cassé, passa en quelques jours de simple garde, sergent-major. Ayant demandé à remplacer un sergent de ma compagnie qui avait été tué et mon caporal-fourrier étant blessé, il restait donc vacants deux emplois que les caporaux les mieux notés attendaient avec une légitime raison. Ces grades furent donnés à *deux simples soldats qui n'avaient jamais été au feu et qu'on fit venir exprès d'un bataillon de Seine-et-Oise.*

On vit alors des sergents sachant à peine écrire leur nom et des majors copiant le rapport et le lisant avec un français appris dans la *Lanterne de Boquillon*, pour le plus grand amusement de la galerie.

Je trouve dans mon carnet une page se rattachant à une course que je fis à Paris le jour de l'enterrement du général Renault, blessé mortellement dans notre malheureuse sortie ; cela diffère un peu du tableau que j'ai esquissé au début.

...... J'arrive de Paris ; la ville est bien changée : les magasins sont fermés, les cafés à peu près déserts ; sur le boulevard des Italiens je trouve trois voitures seulement et quelques femmes s'offrant aux soldats qui viennent en permission ; une compagnie de sédentaires ma-

nœuvre sur une place, les gardiens de la paix
à l'air bonasse qui ont remplacé les sergents
de ville soufflent sur leurs doigts. Les marchands de journaux et de bibelots militaires
font toujours des affaires, les caricatures
idiotes sur Badinguet, Badinguette, la ménagerie impériale et le fameux portrait du Pape
qui a attiré les foudres de Veuillot commencent à passer de mode; le tour de Trochu
est arrivé : il est représenté à genoux, un chapelet à la main, avec une hermine sur le front ;
le plan n'est pas oublié. La population n'a plus
confiance dans ses chefs, les bruits de trahison
commencent à circuler.

Tout le monde en public crie : *Guerre à
outrance !* chacun en particulier demande la
paix.

On attend de jour en jour le bombardement, les habitants des faubourgs mettent
leurs meubles à l'abri dans le centre de la
ville.

En entrant dans une maison, je me heurte
contre un baquet plein d'eau dans lequel des

enfants jouent aux marins avec des bateaux en papier ; il y en a autant à chaque étage pour éteindre les incendies allumés par les obus.

On m'invite à déjeuner, et comme dessert, on m'offre des crêpes sans œufs et frites dans l'huile.

Dans un grand café, je demande un bock : c'est une infecte décoction de buis et de réglisse.

Je m'amuse, en rentrant, à lire sur les murs les rapports militaires affichés tous les jours.

Il y a généralement : *Rien de nouveau à signaler*.

Quelquefois, au contraire, l'expédition de francs-tireurs qui ont fait un prisonnier est racontée avec beaucoup de détails.

Quand par hasard, dans une sortie, une position conquise est gardée : alors la face de la guerre va changer.

Huit jours après, la position étant reprise par les Prussiens, on lit... Pour ne pas sacri fier inutilement le sang généreux de nos soldats, nous avons évacué tel point qui n'avait d'ailleurs aucune importance stratégique.

Au moment où je vais prendre l'omnibus des Ternes, je pousse un cri de stupéfaction en voyant *Chatte-Rouge,* femme très-connue au quartier Latin, vêtue de noir et portant la croix de Genève sur la poitrine. « Les hommes n'ont plus le sou, me dit-elle, j'peux pas crever de faim, me v'là ambulancière, c'est très-chic.... Un lieutenant de moblots que je soigne est toqué de moi... ses parents ont l'sac... Après la guerre, y m'met dans mes meubles... l'embêtant, c'est d'avoir l'air convenable, j'ai toujours peur de dire : du flanc ! à la directrice quand elle m'esbigne... mais j'm'en vas... ça pourrait me compromettre, on me prend pour une femme du monde.

Chatte-Rouge compromise... malheur !

XVIII

A LA TRANCHÉE.

Nous passâmes le mois de décembre à Neuilly, et celui de janvier jusqu'à l'armistice au Petit-Yvry et à Villejuif, où nous fîmes le pénible service des tranchées en avant des redoutes du Moulin-Saquet et des Hautes-Bruyères, service qui consiste à rester vingt-quatre heures dans un fossé et derrière un talus à deux, trois ou quatre cents mètres d'un talus semblable, derrière lequel des ennemis invisibles guettent avec la patience du chat l'occasion de vous loger une balle dans la tête. Cela est d'autant moins récréatif au mois de janvier qu'on est sûr d'attraper du premier coup une maladie qui vous enlève promptement ou de *bons* rhumatismes pour l'avenir.

La nuit, à la tranchée, est pleine d'émotions, sérieuses ou comiques. Les sérieuses sont de se voir attaqué à la baïonnette par une troupe supérieure à la sienne. Les comiques sont de genres divers. Voici une des plus communes : Entre le talus français et le talus prussien, tout le monde a remarqué dans la journée une petite pépinière de sapins nains. A minuit, un soldat croit voir ces sapins marcher; il appelle son caporal qui, en effet, reconnaît parfaitement une troupe qui s'avance en étouffant ses pas; le sergent prévenu partage l'opinion du caporal, et comme la situation est trop critique pour aller consulter le capitaine qui dort dans un gourbi, il commande : Feu sur toute la ligne, et visez bas! Une fusillade effroyable s'engage, les Prussiens croient qu'on les attaque et ripostent. Au bout d'une heure, un des officiers accourus au bruit émet un doute sur l'authenticité de la troupe ennemie. On demande un brave de bonne volonté. Quelqu'un qui rêve la médaille se dévoue pour aller en reconnaissance, et cinq minutes après, plus mort que vif, revient en disant : Ce sont des sapins! Le feu cesse dans les deux camps, il n'y a pas de victimes.

Le rapport militaire du lendemain signale l'héroïque défense des avant-postes par les mobiles de Cascamy-les-Chausses, dont le commandant reçoit huit jours après l'*étoile des braves*.

Quant au garde Polycarpe Patuchet, qui comptait sur la médaille, son capitaine l'exempte de deux tours de garde.

Patuchet n'est pas content.

Un jour, des lignards se rendant aux avant-postes des Hautes-Bruyères, trouvèrent un chien abandonné qu'ils prirent pour le mettre en ragoût.

— Passons-nous de ragoût, dit un vieux sergent alsacien, et jouons un tour à ces canailles de têtes-carrées. Et il exposa son projet qui fut voté par acclamation. Il fallait que le tour fût bien bon, car la popote était très-maigre, et un chien de forte taille comme celui-là représentait un bon supplément d'ordinaire.

En effet, il n'était pas mauvais, comme vous allez en juger.

Une fois arrivé, le sergent disparut et bientôt après revint avec un petit paquet enveloppé dans un mouchoir blanc et proprement ficelé; l'ayant attaché d'une manière bien apparente au cou du chien, il tourna vers les têtes-carrées le nez de l'animal qu'il lâcha en lui piquant brusquement le derrière avec la pointe de son couteau.

Le chien poussa un hurlement de douleur, s'enfuit en ligne droite et sauta au beau milieu des Prussiens, qui, voyant le paquet, se mirent à sa poursuite en criant : « Des dépêches! des dépêches! » (Le sergent alsacien traduisait à mesure les paroles.) Et une chasse terrible commença, cent coups de fusils partirent, les postes de soutien croyant que les Français attaquaient accoururent au pas de course, et ayant appris de quoi il s'agissait se mirent de la partie. Par une savante manœuvre ils se formèrent en un vaste cercle dans lequel ils renfermèrent le prétendu courrier. Par malheur, comme ils tiraient tous au centre et sans prendre le temps de viser, plusieurs balles allèrent frapper les hommes qui formaient la circonférence, et aux hurlements du chien blessé vinrent se joindre les cris des victimes. L'animal furieux, fou de peur et de douleur, dans un suprême effort revint sur ses pas, sauta par-dessus les baïonnettes et vint expirer juste entre les deux tranchées.

Les Français qui avaient suivi les phases de la lutte en se tenant les côtes de rire, virent alors un officier supérieur s'avancer en criant : Allez donc, ce sont des dépêches; cent thalers à celui qui les rapportera.

Cent thalers, c'était tentant; d'un autre côté la mort était certaine, et personne ne voulut risquer sa peau pour le prix.

L'officier comprenant l'importance de cette capture, mais ne tenant pas à la faire lui-même devant cinquante fusils braqués, promit la croix.

Deux hommes s'élancèrent. L'un tomba mort d'une balle au front, l'autre roula sur le sol le bras gauche fracassé; il n'y avait plus à reculer maintenant, il se glissa à travers les broussailles vers la proie qu'il convoitait (Ne tirez plus, avait dit l'Alsacien, le tour serait manqué); il y arriva sans autre accident, et joyeux d'avoir gagné sa croix, oubliant toute prudence, il saisit le chien de son bras valide et en trois bonds fut au milieu des siens.

L'officier qui avait suivi avec la plus vive émotion toutes les péripéties de ce drame, se précipita sur la bête inanimée, rompit la ficelle et d'une main fiévreuse ouvrit le fameux paquet......................................
....

Jamais, non jamais, juron plus énergique ne sortit de la bouche d'un mangeur de choucroute.

Que contenait le paquet?

Je n'ose pas..... Cambronne seul pourrait vous le dire.

Le soldat qui s'était dévoué eut-il la croix?

Nous étions à Villejuif vers la fin de janvier, et nous garderons longtemps souvenir du court séjour que nous fîmes dans ce village : parqués dans des maisons effondrées par les obus, dont les portes et les fenêtres avaient servi à faire du feu, astreints à un service des plus pénibles, n'ayant pour nous soutenir qu'une pâte dégoûtante (nommée pain par dérision, je suppose), dont les chiens, s'il y en avait eu encore, n'auraient pas voulu, et des rations de viande qui n'existaient plus que de nom. Pendant ce temps Paris était bombardé, les obus passaient sur nos têtes et d'un moment à l'autre pouvaient être dirigés contre nous.

L'armistice du 28 janvier arriva, l'événement était prévu.

D'après les conventions, nous rentrâmes à Paris, et le 14 mars nous étions de retour à Rennes, après plus de six mois d'absence.

Malheureusement nous ne revînmes pas tous !

RENNES, IMPRIMERIE ALPH. LEROY FILS.

www.ingramcontent.com/pod-product-compliance
Lightning Source LLC
LaVergne TN
LVHW050645090426
835512LV00007B/1046